W0083755

Anne Dorn   Jakobsleiter

P

Gewidmet allen, die Freude daran haben.

Wer pflückt Beeren im März?
Bricht Blumen im Schnee?
Fängt ein Lächeln im Fischnetz?

Von Früchten weiß ich,
die Süße finden
auf trockenem Stroh.
Auf dem Stroh der Kindheit
lebte ich still.

Meine Gedanken
zerbrachen die Fensterscheiben.
Jetzt betrachte ich alle Straßen,
die kleinen Hunde mit ihren
rastlosen Pfoten.

Sie tappen verwickelte Muster
aus Staub auf die Steine,
immer bereit, ja sicher,
dem Ziel zu begegnen.

Nie mehr
kann ich die Fenster schließen.

Hallo Sie, der oder die Sie
heute mit mir gesprochen haben,
per Telefon mir gesagt,
dass ich gut klinge, richtig gut!
Schön, dass es mir gut geht. Ach –
kommt doch vorbei. Ich freue mich
wenn wer vorbeikommt.
Wir kommen sofort ins Gespräch, es gibt Tee.
Vielleicht, dass meine linke Hand in die Luft greift,
dahin, wo der Stuhl sonst steht, den ich dem Menschen,
der darauf nun Platz nimmt,
selbst entgegengeschoben habe.
Mein Gast hat mich freundlich angeschaut
und ich ihn, er hat mir seine Rechte entgegengestreckt
und ich ihm die meine, ja, dieser Drahtseilakt plötzlich!
Ich muss ja nun unbedingt – irgendwo – immerzu
Halt finden. Kein Schritt mehr möglich,
ohne die Welt zu begreifen, ein Stück von ihr
in den Fingern zu haben: Jetzt diese rasch gehaschte
Hand, diese Herzlichkeit also.
Wer schüttet das kochende Wasser
genau in die Öffnung der Kanne? Ich rede und rede
in einer so weit von meinem Körper entfernten Tonart,
mit dieser Stimme, die mir als vermeintlicher Segen
im Leib haust. Unmöglich, damit zu schildern,
dass ich nunmehr immer präsent, äußerst
anstrengend stets gegenwärtig lebe,
damit kein Unglück geschieht, kein Sturz, keine

Verbrennung, Ohnmacht oder dergleichen und
niemandem Vorwurf zu machen ist, wenn er oder sie
sich täuschen ließen vom hellen Wortlaut. Er
wie auch sie hier unbedacht aus- und eingehen,
dies und das besprochen wird, offen gelassen alles
da sich so viel bewegt und unübersichtlich bleibts
– lebendig eben.
Wir sind uns dann einig: Augen offen halten und Ohren!
Oh, wie auch ich es liebe, Zukunft zu haben,
gedankenvoll unbedacht einfach vorhanden,
von der Hand in den Mund, wenn die Hand
noch zum Mund –

Ja, ich werde mit heller Stimme
›Munterkeit mimend, ganz wie Gesinde es tut‹
mit zur Türe gehen, kenne mich da ja aus,
weiß, welche Klinke wackelt, zur Not
auch Jacke wie Mantel am Garderobenhaken
immer noch zu erwischen – und natürlich –

ich narre Euch nicht und entschuldige mich
mit eben der Stimme, dem Grund
der Verwirrung. Verzeiht,
dass ich sie habe und noch nicht schweige.

Wintertag, weiß und rein.
Mittagsstunden, die lichtblau und goldgelb
über der Kindheit liegen.

Mit angehaltenem Atem hangabwärts –
aber der neue Schlitten – ein störrischer Esel!
Knechten, treten, stoßen.
Trotzig das bockige Ding
übers Stoppelfeld zerren.
Weinen, hüpfen, rennen.
Schreien!
Sich auf die Lippen beißen:

Angst – keine Angst.
Kälte.

Von Anfang her
auf dem Weg durch die
Schlucht
zwischen dem, was i s t
und dem, was doch s e i n s o l l.

Dass der Scherenschleifer vorbeikommt,
meine häusliche Bewaffnung
nach alter Regel zu schleifen.
Dass der Topfstricker aufersteht
und die Scherben des Kruges,
den ich so liebe,
mit seinem Drahtnetz wasserdicht
aneinanderfügt. Dass im Frühjahr
die Sonnenwachsschmelze
neben dem Bienenhaus
den alten Brutwaben das reine,
duftende Wachs entlockt.
Dass im Herbst Kartoffelkrautfeuer
auf abgeernteten Feldern
gemeinsam mit ersten Nebeln
die Seelen beizen. Dass Schnee,
für mindest drei Monat' im Jahr,
Ruhe erzwingt, also Leben.
Dass alle Menschen – insbesondere Kinder –
die Bäume beim Namen rufen.
Dass Frösche, Hähne und Glocken
Stimme haben, wenn es zur Wahl geht.
Dass verlorene Liebe wiederzufinden ist.
Dass wer versteht, wovon ich hier rede …

Der Wald rauscht.
Wie Harfenistinnen
entlocken die Buchen
mit Astpeitschen und Zweigfingern
dem Wind wilde Töne.
Ein Schwarzspecht lacht
im Vorüberflug. Das Frühjahr
kam spät und kalt.
Jämmerlich leiden
die frisch geworfenen Hasen.
In allen Ecken kauert
versäumte Arbeit.

Gute Freunde möchten hier bald
in der Sonne sitzen.
Sagen, dass sie dabei sind,
das Bücken, Hinknien und
Händebenutzen,
neu zu erlernen.
Und sei es, zu beten.

Heute Nacht stand ein Komet
über dem Haus.
Die Wege glitschen.

Unter der warmen Decke, neben der
ausgestreckten Hand bedruckte Seiten
und eine Lesebrille. Tastend gefunden
die Radio-Fernbedienung. Knopfdruck –
und Feuerwerk! Händel. Einhundertfünfzig
Bläser und ebensoviele Pauken
frisch von der Themse direkt
in meinem Zimmer.
Über dem Waschbecken,
das außer Dienst steht und
still vor sich hindarrt,
die Kopie der zierlichen, blütenspeienden
Flora von Botticelli, Schwester der
schaumgeborenen Venus.
Stare, als tanzende Wolke
auf dem Stück bleigrauen Himmels,
wie ihn mein Fensterblick freigibt:

Gnädig vermachte der Traum
und schenkt mir der eben erwachte Tag
Flügel!

Vor meinem Bett beharrlich
die ausgetretenen Schuhe,
die ich so verachte,
die mich so lieben.

HALTUNG

Irgendwo verliert gerade heute
jemand seinen Kopf:
Aus Liebe, Angst, Habgier,
Eifer, Ehrgeiz – unbedacht
und tatsächlich.
Die Gewalt der Gedanken
und der Ereignisse:
Krieg, Unwetter, Unfall,
zufälliges Dabeisein –
unentwegt Katastrophen.

Schön ist es heute,
wunderbar und unglaublich,
den Kopf oben zu tragen!

Dunklen Blickes
verfolgen die Astloch-Augen
im Holz meiner Dinge
den Flug einer Motte. Am Haken die Jacke
aus Krakauer Wolltuch,
tiefblaue Befriedung
des Wunsches nach Wärme.
Neben dem Kamm, vor dem Spiegel
leise im Windhauch sich wiegend,
ausgekämmtes, silbriges Haar.
Polternd im Topf kochendes Wasser.
Getrocknete Blätter und Blüten: Der Tee.
Heruntergeschluckt die Träume.

Heute – und täglich heute – im Schatten noch
auf dem Tisch, das widrig verlockend reine,
weiße, glatte Papier, aufs Neue von mir
vor mir selbst verteidigt als Landeplatz und
geliebte Startbahn langer, gefahrvoller Reisen
ans Ende der Texte.

Draußen indessen,
vor meinen Fenstern,
tanzen die Straßenbäume
im Wind.

In meinen Mundwinkeln lauert ein Lächeln
vor dem ich mich fürchte. Habe ich selber
ihm Tor und Tür geöffnet? Kann es nicht sehen
und fühle doch, wenn es den Auftritt probt
ganz im Stile des Einen von diesen Zwölfen,
der doch kein Dreizehnter war, kein Teufel!
Er muss erschrocken gelächelt haben,
als Christus am Tisch seinen Getreuen
bei Brot und Wein prophezeite:
»Einer von Euch wird mich verraten.«
Wie sich da alle ereifern: »Ich?«»Bin ich es
Herr?« Judas versteht in diesem Augenblick
selbst nicht, wovon man hier plötzlich redet
und fragt Ihn, um den es ja geht: »... oder bin ich es,
Meister?« Christus antwortet ihm: »Du sagst es.«
Da muss es auf Judas' Lippen erblüht sein,
dieses Lächeln, dieses tödliche, ach so vergebliche
Hinweglächeln kommender Wirklichkeit.
Ich nun, zweitausend Jahre danach, erbitte
von dem, der verraten ward, Beistand:
Dass er mir hilft zu vermeiden, wen oder was
bedingungslos und wahrhaftig zu lieben,
damit ich nicht in Versuchung komme,
wen oder was zu verraten. Dieses Lächeln
muss sterben! Es soll verdorren! Mein Mund
– ohne auch nur den Anflug von Freude –
erkennt ihr mich noch?

Skizziert, koloriert, fixiert und gerahmt
Hütten auf freiem Feld, mit
Schieferdächern von spitzen Giebeln
hinab bis fast zur Erde. Fleckig das Gras der Wiesen. Die Himmel
verhärmt mit Grau und düsterem Gelb.
Alles das an meinen vier Wänden.
Innenräume. Haken und Ösen.

Auch ein Holzstoß, davor drei Hühner,
ein Hahn. Erhobenen Kopfes, geschwellt seine Brust
kräht er – kräht und ruft alles herbei
was immer mir leid und auch lieb war.

Ach, wenn da ein Hündchen wäre!
Besser noch ein richtiger Hund,
das Maul voller Zähne und Geifer,
dass er sich heißer bellte, wütend laut
immerzu bellte, bis wer ihm Ruhe gäbe ...

Das dritte Bild
mit nichts als dem kleinen Busch
unter frisch gefallenem Schnee
wäre dann endlich das Schönste.

KRANICHE

Birr und Birr – Kraniche, ihr!
Geständig euerer Liebe zum Norden
treibt ihr den Keil unter die Wolken.

Fliegend im Windschutz des Bruders,
der Schwester
verlässlich im Tausch
seid ihr
ein Ansturm der Hoffnung,
reißt mich mit eurem Schrei
aus meinem Zweifel.

Meine Wanderschaft heute,
erdigen Ruch in der Nase,
ende ich jäh in der Luft:

Helfer und Heiler
grüßt alle und alles!
Ich danke für euren Gruß.
Zerbrecht nicht die Linie
eures Fluges
am Waldrand ...

Leiser das B i r r r r –
und vorbei.

DEIN UND MEIN

Wir fingen eine Forelle, mein Bruder und ich.
Glotzauge – Waldauge – Augenleib –
fühlten das schimmernde Leben in unseren Fingern
und lachten! Immerzu hielt die Verzauberung an –
Forelle – Forelle – Forelle! Bis uns der Atem
stockte:»Du hast sie ...«»... nein Du ...«
Verzweiflung.
Da fassten wir unsere Messerchen,
schleuderten sie in die Erde,
spannten unsere Finger aus,
zählten, rechneten, glaubten!
Orakel, Erschrecken und Scham.

Wo ging es verloren, das sichere Maß?
Bruder, ich rate und irre.
Wie rote Geranien, weit aus dem Haus,
hängt das Erinnern an dich.
Betäubendes Durcheinander, Blütengedanken.
Nachts, wenn ich den Kopf in die Kissen werfe
hat mein Verstand schon artig geknickst,
steht an der Tür, fertig zur Reise.
Sage: Wo floss uns der Bach,
rauschte der Wald?

Wirf mich zurück in den Tümpel,
den Bach, schau, wie ich zuckend erblinde:
Bruder, ich bin die Forelle.

Wann endlich rede ich
und vergesse eure Kommandos
und den Posten über dem Haus,
den ihr honoriert – ihr!
Warum seid ihr verletzt,
wenn ich euch im Stich lasse
und sagt von Anfang an, ich sei schuldig?
Ihr wollt, dass ich sterbe
ohne das, was ihr Glück nennt,
schickt mir die berühmten Reiter
aus Johannes sechs Vers zwei bis acht.
Gut, ich stehe hinter den Büschen,
da, wo man sich schämt. Und den besagten Reitern
(mit Richtschwert) ruf ich entgegen: ›Blumen!‹
Ich wollte nur Blumen. Seht ihr –
sie glauben mir, tanzen
den Reigen und lächeln und schlenkern
einen Kopf auf den Säbeln. Es sind ihre Säbel.
Der Kopf ist mein Kopf.
Morgens heb ich ihn auf,
halte ihn hoch und geh weiter.
Mir um den Hals läuft die Schnur
perlender Plasmatropfen,
kenntlich den Perlenschnurträgern.

Auf der Straße harrt die Erlösung:
Ein Bruder, da – und dort, eine Schwester!

KARWOCHE

Endlich nun, ihr heimgekehrten
flatternden Vögel
vor meinem Fenster:
Ihr wolltet unter dem Dach
nisten. Ich lade euch ein.
Und du, Hummel, kleine pelzige
Kugel, hältst alle Blüten
auf meinem Vorhang für Nahrung.
Warm und voll Wollust dein Ton,
wenn du fliegend mein Dasein
streifst. Ach, und die Stille!
Kein Windstoß, kein
klatschender Regen. Die Bäume
stehen nun kerzengerade,
erwarten den Sturz des Himmels
in ihre noch leeren Kronen,
die wie geöffnete Hände
empfangen und halten wollen.

Ich säe und pflanze im Garten.
Tiefer als Optimismus
reichen die Wurzeln der Freude.

Nehmt sie! Nehmt sie euch wieder,
die dreißig Silberlinge –
wusste ich denn, was ihr wollt?
Gebt mir I h n wieder. Was daran ist so schwer
an dieser Geschichte
ohne den Makel der Wirklichkeit –
schöne Geschichte!

Gebt I h n zurück, sofort!
Nehmt euer Geld.
Es ist Ostern
und die Erde schuppt sich
schon wieder
ganz und gar unter eurem Pflug.
Da ist kein Rain mehr,
dass ein Busch und ein Vogelnest
Platz fänden bei Eurem Bedarf an
»Kreuzigen! Kreuzigen! Kreuzigen!«

Gebt mir I h n wieder. Sofort!
Wie laut soll ich noch schreien:
»Reue! Reue!« und: »Rache!«
Judas bittet hier, Adam und Kain –
alle, alle!

Apfelblüten, Blättermeere,
Kinderschaukel, Einfaltsliedchen.
An der Hauswand kleiner Vogel,
kupferdrahtgeflochtner Käfig.
Perlenaugen blitzen Sehnsucht.
Wildes Lied in langen Strophen
von der Bitte, *Bitte, Bitte*
um Befreiung, bitte-bitte!

Leise öffnet sich der Käfig.
Schmale Hand reicht Wasser, Futter,
einen Strauß von grünen Blättchen.
Aus dem Danklied klagt Verzweiflung.

Ich, Gefangne deines Zaubers,
bitte dich um kleinste Tröstung:
Lege deinen Kopf an meinen.

ANWANDLUNG VON HOCHMUT

Ich nahm meine Kräfte zusammen,
schlug sie zum Knoten
Herz und Sinne ein festgezurrtes Etwas.

Und nur nicht nachlassen,
wenn der Strick ins eigene Fleisch schneidet ...

Flattern am Fenster – ein Tagpfauenauge!
Alle Hügelketten jenseits des Tales
versuchen, sich niederzuknien:
Morgensonne wirft goldene Speere.
Und mir einen Spielball zu – lockt mich
vors Haus. Grau wechselt in Rosenrot-Gold.
Ort meines Schaffens, pulsierenden Friedens –
ein Mensch kam daher, klimperte laut
mit seinem Geld in den tiefen Taschen
und setzte mir Frist: Noch einen Sommer!

Plündern werde ich – plündere dieses Geräusch
flatternder Falterflugel, und Sonnenaufgänge!
Stille vor allem, so viel meine Lebenslust trägt.
Und den Geruch der Wiesen nach Sommergewittern.
Plündere die vor dem Wind sich verneigenden
Haselruten, die bleiben werden wie dieses Blau
des Vergissmeinnichts und des Himmels.
Morgennebel und Rückzug der Tiere
ins Dunkel des Waldes –
wie soll ich das nehmen und halten?

Spottdrossel spektakelt im Kirschbaum.
Hoch oben schreien, kämpfen und rupfen sich
Bussarde, dass ihre Federn fliegen. Streiten
in jedwedem Frühling um diesen Nistplatz
im Buchenwald. Einer wird unterliegen.

Herr, ich weiß, dass du ein harter Mann bist.
Du erntest, wo immer wer gesät hat,
gibst Blumen die Fülle,
aber auch den Neider, der sie ausreißt.
Schickst den Bäumen Saft und Kraft,
aber auch den Wurm, der die Blätter zernagt
und den Baum zwingt, die Früchte fallen zu lassen,
ehe sie reif sind. Du hast mir Mut gemacht,
aber Entsetzen beschert, als ich sah,
was ich mit meinem Mut angerichtet habe.
Jetzt kommst du also und fragst,
wo denn dein Pfund geblieben sei.
Was war deine Gabe:
Mein Mut? Oder mein Entsetzen?
Womit sollte ich Handel treiben?
Wen von allen, die ich doch liebe,
sollte ich in dieses Geschäft mit hineinziehn?
Stolz hast du mir auch vermacht.
So muss ich also stolz darauf sein,
dass du mich ausersehen hast,
die dritte, törichte Magd zu sein,
die alles, was von dir kommt,
vergräbt. Keiner soll es ihr nehmen!
Wie zürnst du mir nun,
schickst mich in die Finsternis ...
Wo dann herrscht Liebe?

Zwei Uhren in deinem Zimmer
zerhacken die zwei, drei Stunden,
die dein und mein sind.
Eine allein ist zu wenig!
Zwei Hände hat Amor, zwei Flügel,
mit zweierlei Maß misst er
Nähe und Ferne.
Wenn ich dein Zimmer betrete,
stapeln sich alle Dinge – Laptop,
Laserdrucker, der Blumentopf auf der
Fensterbank und selbst die geleerten
Gläser und Tassen
gehorsam hinter der Biegung,
die der Zeiger noch nicht erreicht hat.
Sie warten dort, liegen und hängen,
vertrödeln ihr Dasein. Erst wenn die
Eisenbahn mich wieder fortschleppt,
ab durch die Felder,
finden die DVDs und der Tabucchi
mit Ripsschleife auf der Seite,
die ohnehin einen Kniff hat,
zurück in ihre Bestimmung.
Deine Uhren vermessen von neuem
das Licht und die Luft in deinem Zimmer,
selbst deinen Atem.
Zwei sind es, die ticken und schaffen:
... liebt mich, liebt mich nicht, liebt mich wohl ...

Zuerst die Pferde: Schön im Gegenlicht
die fliegenden Mähnen, und wild
von den Hinterbacken aufgesterzt
die wehenden Schweife. Tänzelnde, hämmernde Läufe.
Männer in ihren Sätteln – leicht wie Engel.
Indianer – immer schon dagewesen
mit dem Geruch gelöschter Feuer
und einem Vogel, der tot vom Baum fällt,
gerade bei Ankunft der wild entschlossenen
Gegenspieler.
Hoch aufgerichtet die Felsen,
Schicht für Schicht abgeschmeckt
mit Schweiß und Blut.
Vieles Unsichtbare, zum Beispiel das Gras:
Dürftiger, haariger geht es nicht.
So viele Rinder – wovon nur werden sie satt?
Immer Kojoten. Immer ein Säufer. Immer einer,
der herzzerreißend die Mundharmonika bläst.
Immer nur eine Frau für all die Männer.
Große Orgien des Wartens, und immer der eine
Ungeduldige, der die Handlung vom Zaun bricht,
dem gerade von schwebenden Wolken hingerissenen
Zuschauer in die Träume fährt – und
mit dem Messer dem Opfer direkt an die Kehle.
Tabak: Die letzten Krümel aus diesen
speckigen Beuteln in offene Hände ...
Ich sehe die deinen, wie sie auf Suche

nach Zündhölzern – nein, einem Feuerzeug –
die Brust- und Gesäßtaschen abtasten.
Ich sehe den Ledergürtel in deinen Jeans,
seine blank gegriffene Schnalle,
deinen Sattelknopf, sozusagen.
Immer hast du die Hemdsärmel aufgekrempelt,
prunkst mit deiner leicht gesalzenen Haut.
Einmal habe ich dir eine Weste genäht.
Jetzt, wo du wie Lee Marvin unter der Erde liegst,
zwingt mich mitunter der Zufall, die Schranktür
zu öffnen. Deine Weste führt mir dann wieder
deinen vornüber geneigten Körper vor. Dein Dafürhalten,
dass Gerechtigkeit immer ungerecht ausgeteilt ist.

Ich bin die verlassene Braut, kaufe mir selber
mitunter kleine, niedliche Schachteln, die so aussehen,
als wäre da etwas darin. Und einen Whisky!
Ich bin gerade noch nutze, dem Arzt, der die Kugel
aus diesen Leibern holt, das Handtuch zu reichen.
Ich sitze im Nachthemd vor der Glotze,
um diese alten Filme wiederzusehen.
Stets nach Mitternacht. Die nie betretene Heimat
derer, die träumen.
Die den Tod missachten.

Hallo, Reiter! Deinen Schimmel
nehme ich noch, wenn er schon lahm!

MEIN UNABWEISBARER BRÄUTIGAM

Sein Werben begann am Tag meiner Geburt.
Wie ihn beschreiben? Ihn buchstabieren?
Sich ein Bild von ihm machen?
Er ist der Fremde, den ich nicht kenne.
Er spricht eine andere Sprache, ich die meine.
Ich teile mein Lager mit ihm,
er teilt es mit mir.
Er lockt mein Leben ans Licht,
damit sein Schatten leuchtet.
Ich bin, weil er ist.
In Treue sind wir ein Paar.

Als der kleine Recorder im Grase versank
und durch die Halme wie eine Maulwurfsgrille geigte,
begann eine Spinne von meinem Haar
bis zu den Wollflusen der Decke
ein Netz zu spannen. Sorgfältig drückte sie
den Glanzglibber
durch ihre Düsen. Ich rührte kein Haar.
Auch nicht, als der Erdfloh rot mein Knie bestieg
und auf meinem Rücken die Füßler Fuß fassten.
Es war ein merkwürdig steiles Geräusch
in der Wärme; immer kurz vor dem Augenblick,
in dem der Globus wieder zerknittert werden sollte
von Minifüßchen und Minihändchen.
So waren auf meiner Haut Grüße gelandet,
Vögel, Gedankenvögel, oder ein Schmetterling auch,
das Erinnern. Eben das ganz nach Innen gekippte
ABC meines Eifers, glücklich und da zu sein.
Langsam erlahmte das Licht. Dunkel der Baggersee.
Motorräder mit vollem Gedröhn ab durch die Felder.
Verdächtigt von Mücken und Würmern, dennoch
Menschen zu lieben, verbrachte ich meine Nacht
unter schwarzen Löchern und gasigen Ex- wie Implosionen.
Morgens verblasste vollends jegliche Lust auf Wissen.

Dann aber, dann –
wiedergeboren, allein von der Sonne entflammt
meine schiere Lust, zu atmen!

Der Mohn steht auf,
das Feld in Glut.
Die Bäche tragen Blütenpost.
Aufständig quarrt das Volk im Teich
und fordert Platz für seine Brut.
Die Kirschen schreien: Halt ein! Halt ein!
Auch wir sind rot in kurzer Zeit.
Die Nachtigall vertilgt den Wurm
der mir und dir am Herzen nagt.
Hör, wie sie schluchzt. Doch auch ihr Tun
heißt: Das Gebiet, was ich besing,
ist mein, ist mein für jetzt und hier!

Der alte Fels dehnt sich im Licht.
Am Dorfrand hebt man Gruben aus:
zehn Häuser neu, in diesem Jahr.
Habt acht, ihr kleinliches Gesumm,
w i r sind die Herren dieser Welt
und nehmen, was gefällt, uns jetzt!

Die Straße schweigt, die Brücke trägt.
Die Luft geht aus! Wie frech von ihr –
Wer gab ihr frei? Sie steht im Dienst!

Auf, rennt ihr nach!
Revolution! Revolution!
R e v o l u t i o n ...

In großer Höhe silbrig verharrend
Zirruswolken.
Schwebend darunter in hellem Grau
Kumuluswolken im Karawanenschritt.

Tiefer, über den Dächern schreiend,
im Flug beim Insektenfang sich überkreuzend,
gaukelnd, stürzend und steigend Schwalben,
Schwalben und Schwalben.

Näher noch, fassbar beinahe, vor tiefdunklen,
in der Mittagshitze erstarrtem Holunderlaub
diese im Gegenlicht blitzenden, treibenden,
goldenen Stäbchen der Schwebefliegen.

Uns unter den Füßen im Schlamm wie im Sand,
in sturmbewegter wie stehender Luft und in den
Tiefen der Ozeane wuchernd, quellend,
lauernd, zehrend die nimmermüden
Keime, Bakterien, Mikroben.

Zwischendrin-mittendrin Du und ich –
siebeneinhalb milliardenmal IchundDu.
Schweiß, Tränen und Blut.
Durst.
Aufsteigender Dunst.
Zirruswolken.

Hufschlaggedröhn tausender Pferde.
Rausch der Geschwindigkeit. Leuchtendrot warnend,
ganz wie das Gesäß von paarungsbereiten Pavianen
die Rückleuchten derer, die einer dem anderen
dicht auf den Fersen. Gaspedale, Steigbügeln ähnlich,
mit den nach vorn geneigten
Köpfen und Körpern beordert, getreten.
Vierspurig hin, vierspurig her.
Zwischendrin-mittendrin, zugwindgescheitelt
aufgeschrecktes, haariges Gras, die Barrikade
gegen den Wechsel von hin nach zurück.
Immerzu weiter – zum Ampelstopp: Rot!
Gedankenleere. Sekundenschlaf. Grün!
Heulen und Blaulicht? Drängt euch zusammen,
Rettung ist heilig! Selber Glück gehabt, heute.
Eigentlich immerzu Glück gehabt –
Manchmal nur, baumelnd, treuherzig glotzend
mit Strick um den Hals ein Püppchen, ein Bär,
ein Hemdenmatz-Engelchen reden dem Mann, der Frau
hinter dem Lenkrad dazwischen, erinnern
an den Kontrollgriff in Rock- oder Hosentasche:
Zündschlüssel? Wo? während ein Fink
in der Morgenfrühe den Schnabel wetzte,
sang und davonflog, sein Liedchen zurückließ,
tönende Barrikade zwischen dem Rausch
des Immer-Dabeiseins auf blankem Asphalt
und den womöglich möglichen anderen Freuden.

KUCKUCK

Kuckuck – Kuckuck die Fliege summt,
die Türe auf, der Weinstock blüht!
Kuckuck – Kuckuck Punkt elf, Punkt zwölf
die Schwarzwalduhr ruft uns zu Tisch.
Im Tal – Kuckuck – von früh bis spät
der Nachtigall ins Nest geschaut,
den Zeisig mit der Not beschenkt,
Kuckuck – er zieht den Feind sich groß!

Die Frau im Hüttchen kocht das Mus.
Um drei – Kuckuck – kommt schon der Sohn.
Kein Mus, kein Brot, nur rasch 'nen Schluck
und rasch den Griff ins Kastchen. Ja –
Kuckuck, schweig still, die Klappe zu!

Der Sommer kommt. Versiegt der Bach.
Kuckuck verstummt im dichten Laub.
Die Alte schläft. Nachts schreit der Uhl.
Das Kästchen leer, der Sohn parti –
Die Kette lief vom Räderwerk.

Im Tal, im Uhrwerk kein Kuckuck.
Die Sterne stehn. Und Jahr um Jahr
kein Kuckuck hier, still alle Flur.
Kein Mensch, der hoffend zählt und bangt:
»Kuckuck – wann kommt der Liebste mein?«
»... die Liebste mir? He, narr mich nicht!«

KIRSCHGARTEN

Aufmarschiert in strenger Ordnung
vierundzwanzig lange Reihen
Kirschenbäume. Braune Erde
regelmäßig umgeackert
hüllt die Wurzeln, fängt den Regen,
darf kein Gras, kein Strauchwerk tragen.

Kirschbaumkronen, rundgeschnitten,
rächen sich, so gut sie können,
treiben Blätter, schieben Triebe,
wie und wo sie nur vermögen.
Rinde reißt, Harz perlt hernieder,
Stieglitz, Meise, picken fleißig
Wurm und Raupe, Blattlaus, Käfer –
und die kleinen, grünen Knoten
schwellen an zu roten Früchten.

Ratternd naht im Morgennebel
das Gefährt mit Giftkanone.
Bläst den Staub ununterbrochen
auf die frommen Opferlämmer.
Vogel schweigt und Blätter sinken.
Abends hilft der Regen weinen.

Andern Tages halten Wagen,
die »Zigeuner« sind gekommen!
Tragen Leitern, schleppen Kisten,

pflücken singend oder schweigend,
sprechen von verschlag'nen Burschen
und von Mädchen, die wohl wissen,
welchen Preis die Schönheit fordert.

Abends noch ein kleines Feuer:
Kinder, lasst die Kirschen liegen,
räuspert euch und spuckt das Gift aus,
wascht es euch von Hand und Seele!

Bauer kommt und zahlt die Löhne,
nimmt die Früchte mit zum Handel.
Nur am Feldrain in dem hohen
wilden Kirschbaum mit den kleinen,
bitt'ren Früchten singen sommers
lustvoll-leidvoll Nachtigallen.

Unter den Eichen rastet der Sommer,
ruht dort im Gras, mitternachtsmüde.
Das sanfte Erglühn der Johanniswürmchen
wirbt für die Liebe. Und meine schöne
Tochter wie dein schöner Sohn tanzen,
biegen und wiegen die Seelen.
Lustvoll, leidvoll Gitarre und Banjo.
Ein altes Mädchen mit großer Nase
erschrickt: Es fühlt Blut in den Adern!
So wie der Hirte. Der hockt auf der Mauer,
ihn drücken die Schuhe. Wurzelstrünke
im offenen Feuer fauchen und krachen,
ermuntern die Felsen
Licht- und Schattengeschichten
neu zu erzählen. Winzigkeiten
wie Würmer, Käfer und Nattern
retten sich an den Rand des Geschehens.
Für diese Nacht hat die Erde den Eichen
dunkelgraugrüne Fächer gegeben.
Astfinger spreizend wedeln sie,
wehren dem Bienenschwarm der Sterne.
Glück ist präsent! Zu riechen,
zu hören, zu schmecken, zu fühlen:
Minutenschnell enthüllt
und verbirgt es wieder
sein wildes, heißes Gesicht.

Margaritenweiß, flockiger Sommerschnee,
wiesenverliebt, waldrandbedacht,
abhangverkettet, muldengedrängt
und vertüpfelt am Weg
in die Stadt –
allüberall in der Fremde
bist du schon da,
rufst mir entgegen:
»Ik bün all hier!«
so wie der Igel mit seiner Frau
im alten Märchen.

Blendend weißer Empfang,
und allüberall im Wege
die unnütz gewordene Liebe
zum Anfang. Allüberall seither
Ausschau gehalten nach einem Wort,
das standhält gleich jener
verloren gegangenen, Lied gewordenen,
mir auf den Lippen erstorbenen
zweisilbigen Festung Heimat.

Heimliches Wandern des Nachts,
hoffend, andere Sucher zu treffen trotz
der tagsüber schamvoll verborgenen
Sehnsucht nach Margaritenweiß, wie es
der Mutter zugesteckt wieder zum Strauß wird.

TROST

Wieder bewegt der Wind die Wälder.
Die Hecken erschauern
und durch die hingeduckten Gräser
rieselt ein Zittern.
Das Freie, Leere der Luft
mischt sich mit der Schwere
der Äcker, Dörfer und Städte.
Vielemal hundert Tage
von meinem Jahr
sind mir erloschen im Festhalten
an schwere Dinge.
Ich habe vielleicht
noch einige, wenige Tage lang Zeit,
windig zu sein
und mitzumischen.

Wenn die Knochen versagen,
will ich mit Augen umarmen.
Warm
leuchtet die Abendsonne.

Was nun hinter der Kurve?
Noch immer die Hoffnung, zu sehen,
was schon gewesen und weiter noch
unter den Füßen: Sonnenflecken auf der
von alten Feuern geläuterten Erde.
Die Äste der Buchen rund um den Berg
als luftdurchwirkter Gürtel, auf dass
der Hauin und die Perler-Kopf-Perlen
ihm nicht in den Bach und davonrollen!
Stille. Nur das vertraute Wispern der Meisen.
Und der vom Berg persönlich mit Linien
verzierte Grauwackeschiefer, die Fugenschrift
der Erde. Verästelungen, Dendriten.
Drehdichnichtum! Schauwodubist!
Hinter dem Wald in den Wiesen ein Friedhof,
höher noch, an der Straße, ein Dorf.
Tiefer im Grünpelz des Waldes geborgen,
das zurückgelassene Haus. Leergeräumt,
luftig und hell gab es jedwedem Wort
sein Echo zurück. Die Äpfel im Garten
noch fest im Gezweig, die Nüsse so winzig,
bitter und blass. Über des Grafen Burg
segeln weiter noch Wolken, knöpfen dem
schwarzen Gestein mit Vogelbeeren das Hemd zu.
Schönheit im Wettstreit mit Trauer. Aus einem
Schornstein am Rande des Dorfes steigt Rauch,
ringelt sich, rüttelt mit leichter Hand
Dankbarkeit wach.

MEINEM ENGEL

Habe dich nie gesehen,
obwohl deine Geste des Einspruchs
mit zupackenden Händen
und ausgebreiteten Flügeln
stets überwältigend war.
Engel Abrahams,
der du einschreitest,
wenn das Messer bereits gezückt ist
und mein Herz, in Partikel zersprengt,
keine Besinnung zulässt:
Mir anvertraut ruht das Kind
meiner Liebe
in meinem Arm, und es scheint
unumgänglich, dass ich es töte.
Du aber hältst, noch verborgen,
den Widder, den anderen Weg bereit.
Ich wusste ihn nicht. Dir allein
gelang mein gültiges Leben.

Wie unerbittlich du auftrittst,
da du festhältst und freigibst,
Klüfte zu überbrücken,
Engel!

Licht, vom Himmel gefallen,
auf diesen Reichtum im Sand.
Blaurosagrauweiße Schalen
für das unsagbar Weiche,
Muschelschalen, Entzücken.
Nagend und speiend das Meer.
Möwen, hart in der Luft,
weißer Schrei vor dem Blau.
Mittags die weißen Häupter
der Rentnerinnen und Rentner.
Weiß alle Wellenkämme,
rasches Verwehen, Vergehen.
Träge, so scheint es,
am Horizont
Schiffe, Ozeanriesen.
Stets auf dem selben Flecken,
dennoch plötzlich verschwunden.
Plötzlich zerrissen der Faden,
Gängelband, Zügel, Markierung.
Speiend und saugend das Licht.
Scherben im Sand und Geschrei.

Die schöne, rote Fahne,
mein Unterrock,
segelte flott vom Mast.
Und dann, ohne Fahne,
ohne Vaterland, ohne Sippe,
ohne Familie, ja
ohne einen Nagel in der Wand,
einen Gedanken daran aufzuhängen,
störten wir uns.
Einer hat den anderen aufgestört.
Die Fahne lag am Boden,
den keiner mehr putzte,
das Zimmer war schon gekündigt.

Heute noch ist es Insel
und voller Zauber,
sooft es mir in den Sinn kommt.
Draußen, die Welt,
war für uns
wie der Seeweg nach Indien
vor Vasco da Gama.

KLEINER MATROSE

Meine Vergangenheit ist ein Lindwurm
mit mehreren Köpfen. Eines guten Abends
habe ich meinem Freund von dem kleinen
Matrosen in Paris erzählt. Ich dachte,
es wäre gut, dieser Erinnerung
einen hinteren Platz zuzuschustern.

Ach, dieser kleine, mich überragende,
duftende, sommers seefahrende, winters
bei einem Skulpteur Erden mengende,
unglaublich kräftige, nimmermüde, gerade,
mit blauen Augen und weißen Zähnen
blitzende Matrose!
Drei Tage, drei Nächte lang
wie auf schwankendem Boden:
In der Erdmenggrube des Skulpteurs,
in einem Park, am Ufer der Seine –
auch in irgendeinem Bett.
Man hatte schon überlegt,
nach mir suchen zu lassen.

Ich erzählte meinem Freund
mehr von Straßen und Plätzen.
Hätte er doch gelacht!
Als er ging, war ich nicht sicher:
Hatte der Lindwurm jetzt einen Kopf mehr?

Alte Frau im Café bestellt Schokolade.
Wie ihre Ohren fächern!
Sie lauscht,
ob irgendjemand etwas spricht
und ihr dann erlaubt wäre,
mitzusprechen.
Ein Song juckt im Radio.
Der Kellner steht schwarz auf weiß
Schildwache. Hinter den Fensterscheiben
erscheinen zwei Menschen.
Sie flüstern ...
Die Pappeln draußen rauschen auf!
Heute also wäre der Tag gewesen,
draußen zu sein. Schöne Geheimnisse
sind draußen erzählt worden!
Alte Frau steht auf und zahlt,
nimmt ihre Handtasche vom Aquarium –
setzt den Hut auf.
Ein Versuch ist gescheitert.
Mit ernstem Auge
schwimmt ein Fisch vorbei.

PENTATONISCH

Junger Mann mit dem roten Pferdeschwanz,
solchen griffigen Putz
lässt man in Zentralasien den kleinen Buben
am Kopfe stehen, damit Gott, wenn er sie liebt,
rasch zupacken und sie wieder zurückholen kann.
Dich holt er nicht! Schau-Hascherl!
Großkotziger Lümmel! Flötepiepen!
Und ich schwöre, dass auch Allah
dein pentatonisches Gedudel nicht leiden kann!
Jeden Tag sitzt du auf deinem Teppichfetzen,
jeden Tag gehe ich an dir vorbei
und behalte mein Geld in der Tasche,
du kennst das schon. Blickst, Flöte im Mund,
wie ein Geier. Denkst: ›Die Alte,
soll sie doch der Henker ...‹
Lerne doch bitte erst die kompletten Tonsysteme,
um nicht jeden Tag meine Galle zu reizen
mit eben – pentatonisch, kindlich, naiv –
das ist alles erlogen! Ich möchte dir
in deinen Napf spucken. Ich hasse das,
diese Simpel-Tour ...
Mein Gott, wie ich das hasse,
dass ich selbst immer nur fünf Gedanken habe
und eben nicht herunterkomme von pentatonisch,
natürlich, so wie von selbst,
so von innen heraus, scheißnaiv –
ich blöde Alte.

Die Standuhr, die Stein birgt und Schwamm,
als sei Feuer zu schlagen im Dunkel,
begrüßt mit lauterer Stimme.
Sandsteinplatten im Hausflur
reihen ihr Quäntchen Dauer
in die beredte Stille.
Es riecht vor der Kellertür wieder
nach Äpfeln, Birnen und Erde.
Weinranken verschaffen sich Eingang
durch den Ritz zwischen Tür und Türstock.
Die Tante, schwarzäugig, gestreng,
ist verschwunden, liegt auf dem Friedhof.
Hat den Kindergrabstein, den hellen,
noch wenden, durchbohren lassen.
Nun tröpfelt aus dünnem Rohr
ein Brünnchen. Im letzten Glas
steht auf dem Tisch, unterm Vordach,
Sirup aus Ebereschen.
Dahlien mit schweren Köpfen
brechen die grünen Hälse
am Vasenrand. Zwischen den Rosen
und am Tor mit den Teufelszwirnranken
ein Abdruck vom Fußtritt des Leids.
Leicht, im Gesumm der Bienen,
nahe dem Dach und den Wolken,
die Violine des Onkels,
a-moll-Konzert, Johann Sebastian –
die Spur des gewesenen Glücks.

Heute zu mir genommen:
Das Burgunderrot der Rosen über dem Tor,
später das violettblaue Leuchten
in den Tiefen der Ritterspornblüten.
Schillerfalters schwarzes Geflunker.
Die Lichtspiele der hohen Espen,
ihr Aufrauschen, ihr Erbeben.
Die Schafherde, ihr Wollvliesgewoge.
Das Tropfwasser von den Wurzelbärten
über der Quelle:

Alles zu mir genommen
wider die Umschmiedung meiner Seele.

Als letzte, unerwartete Darreichung
die Frage des fremden Kindes:
»Hallo, Frau, wohnst du hier?«

IM CAFÉ

Eingeladen, einem Augenblick zufolge,
in dem ich gelächelt habe
oder ein Wort verwendet, welches
Glück in meiner Gastgeberin wachrief,
sitzen wir uns am Marmortisch gegenüber
und lachen.
Ihre Augen sind eine Freude,
sie hat da unzählige Fältchen, wie Strahlenkränze,
und betrachtet vermutlich meine
straff bespannten, vorspringenden,
slawischen Wangenknochen
und erzählt, lacht mich an.
Erzählen die Leute in diesem Café vom Glück,
ungeachtet, ob es bei ihnen war oder nicht?
Gibt oder gab es glückliche Kindheiten?
Sie, die mich eingeladen hat, geht,
holt ihren Wagen.
Der Korbstuhl, auf dem sie gesessen hat,
zeigt hunderte kleiner Querstriche
die weiterlächeln, ganz wie sie.
Hier küsst man sich auf die Wangen,
beugt sich über den Tisch hin
einander zu.
Man fährt sich und dem anderen
versonnen über die Stirn.
Hier möchte ich schlafen.
Einmal ausruhen
unter Glücklichen.

Mama und Papa auf dem Laubenbänkchen. Im Hintergrund
schlängeln sich Bohnenranken aufwärts, aufwärts –
Die beiden Verliebten halten sich aufrecht,
eine kleine Katze schmiegt sich
in Mamas Schoß. Papa neigt den Kopf,
schaut erschreckt: Kinder werden kommen.
Solche, die man auf den Schoß nimmt und solche,
die man fortschickt, ehe sie denn auf der Welt sind.
Die Verwundung aus dem ersten Weltkrieg wird heilen.
Man wird die Inflation überstehen.
Ein paar Jahre lang richtig Glück: Arbeit, Gesundheit,
Familie, Freunde! Dann die Weltwirtschaftskrise:
Armut, Krankheit. Vergessenwerden. Neu
anfangen: Ringsum die Braunen.
Man drückt sich. Und zweiter Weltkrieg!
Verluste, abgrundtiefe Herzenswunden.
Raschelt das Laub? Kommt der Sohn zurück?
Über dem Alter liegt die Melancholie
eines Gitarrensolos von Villa Lobos:
Immer wieder ein kleiner Zupf an der Seele
wenn Töchter und Enkel sich regen.

Die Bohnenranken verdorren in jedem Jahr.
Immer wieder Frauen mit Kätzchen auf ihrem Schoß
und erstaunte Männer. Immer wieder
geheime und offene Kriege, immer wieder
Flucht in den Schlaf.

DAHEIM

Unvergleichlich
die Regentropfen im Pelz der Hecke,
die Enten in ihrem schillernden
Grüngeschmeide
wie sie auf dem vom
schäumenden Fluss umströmten
Balken sitzen.
Der hallende Brunnenschacht, den
sorgsam gefügte Balken decken.
Der Hauklotz mit seinen Narben
unzählbarer Hiebe.
Der Schuppen in dem noch und wieder
der Marder die Glieder löst:
Tap-tatatapp. Ich umstreiche
die Dinge ganz wie das Hündchen,
das seinen Napf noch wittert.
Langsam schiebt jetzt der Mond
seine glänzende Scheibe
hinter dem Hang hoch
und kaum
kommt noch wer vor die Tür.
Nun danke ich. Wem? Ja wem nur?

Auf nackten Sohlen,
Schuhe und Strümpfe
in meinen Händen,
wieder zurück, zur Straße.

Winterlich weiß, in Wolle,
meine Mama auf dem Schlitten
stemmt ihre Hacken rechts und mal links
in den Schnee.
Zieht mit der Rechten den Strick stramm.
Die Linke, sicherheitshalber,
unter den Hintern, am Holmen.

Der Schnee schon vereist.
Wurzeln buckeln sich auf,
fingern nach Opfern.
Bahn frei! Und sichtbar
in Mamas Lächeln die Lust:
Ihr Schal ist verrutscht,
ihr Rock stülpt sich auf ...

Mama! Hüpfe und springe!
Gestehe: ›Ich konnte lachen!‹
Dann ruf ich dir zu: ›Hi, Mama!‹
und winke in später Liebe.

War ein Junge, der jüngste von dreien.

Kroch in die Hütte zum Hund,

um ihm von Hänsel und Gretel,

den sieben Schwänen

und Hans im Glück zu erzählen,

niemand sonst hatte ein Ohr.

Schirrte den Ziegenbock an, und hui –

im Galopp auf die Straße.

Das müde Böckchen dann heimwärts

selbst in der Kutsche. Der Junge

legte sich ins Geschirr.

Zuhause half er den Hennen

Gelege gut zu verbergen,

dass *gluck* und *gluck* dann die Küchlein

über den Hof spazierten.

Er schwamm auf dem Rücken der Pferde

an andere Ufer. Nahm Abschied.

Zog in den Krieg.

Genas von schwerer Verwundung,

weil Ärzte mit Katzendarm

die seinen zusammenflickten.

Liebte die Braut, meine Mutter,

die ihn ›du Esel‹ nannte.

Nahm meine Hand in seine,

wenn der Kauz sein *komm-mit*

in die Nacht schrie.

Suchte den Weg aus der Not

auf tausend silbrigen Flügeln:

Tropfen für Tropfen Honig,
warmes Gesumm und Duft.
Starb am hellen Augusttag,
als Schwalben die Luft durchkreuzten.
Im Baum hinter seinem Grabstein
das Nest eines Distelfinken.

ASCHE UND GLUT

Wenn am regnerischen Abend im Kamin
die Funken springen
wärm ich mich im Haus der Tochter,
mir vertrauend überlassen
für fünf Wochen, mir alleine.
Und so hab ich Zeit, zu lesen, alle ihre Signaturen:
Blau und braune Flickendecke, Schreibzeug, Kleister,
Buntpapiere, Gaben darin einzuwickeln –
alles zeugt von Liebe, Tochter, dass ich dich herbeiersehne.
Mitternachts wehst du erschauernd durch den Schornstein
in die Küche. Müd vom Tag, erschöpft vom Fliegen
sitzt du nah der Glut und flüsterst:
»Aschenputtel werd ich heißen!«
Rasch erheb ich mich vom Stuhle, Diele knarzt,
die Kerzen flackern:»Königin ist Aschenputtel!«
sag ich, mein es auch von Herzen.»Bist dir treu,
wünschst nur ein Zweiglein!
Dich nur hat der Prinz erbeten,
sah, du bist die echte, rechte.«
»Aschenputtel«, sagst du,»trotzdem!«
»Kind, mein Herz hat Dich gerufen.
Hab die Tauben Dir gesendet,
Dein Vertrauen aufgerichtet –«
»... früh schon musst ich Linsen lesen ...«
»Ach, verzeih, auch ich war ohne Selbstbewusstsein,
müd und hungrig.«»Aschenputtel«, sagt die Tochter,
nickt, und lächelnd geht sie wieder.

Wirbelt Morgenwind den Staub auf?
Hausrotschwänzchen singt als erstes
ein bescheiden Lied. Ich finde
im Kamin ein kleines Schnipsel
Goldpapier von Tochters Krone.

Ruß und Asche decken samten
unser nächtliches Gespräch.

Jahraus, jahrein eurer Blicke Ziel
komme ich täglich vor eure Augen,
Großväter, Großmütter, Eltern,
Onkel und Tanten –
und hinter euch in langen Stafetten
sepiafarben-goldbraun verblasste Gestalten
auf Fotopapier.
Wie geduldig ihr seid, in Erwartung,
dass ich euere Mühe begreife
sich in englischem Tuch, Kattun,
Musselin, Samt, Leinen, Batist
oder Loden zu zeigen. Ach –
eure Krägen: gestärkt, aus feinstem Linon,
oder aus Spitze! Und eure Schärpen
und Schleifen ...
Vater und Mutter – ihr seid die Schönsten!
Umschimmert von der Lasur
vergoldeter Rahmen
schaut ihr mich an.
Habt noch die Stimme des Fotografen
in eueren Ohren: »Achtung!« »Ganz ruhig!«
»Und Lächeln!« Das Zischen des Blitzlichts,
den Klick, wenn die Linse sich schließt.
Nun schaut ihr und schaut
geradenwegs und offenen Auges
wohin? Und ganz ohne Streit?
Herausgeputzt nur für die Stille?

Auch mich seh ich stehn, gleich neben euch,
mit Bubikopf, den Pony frisch begradigt,
den Mantelkragen sorgsam glattgebürstet,
leg ich den Kopf Schutz suchend an der
Schwester Schulter, stolz von den Eltern präsentiert
in neuen Wintermänteln, nah beisammen wir zwei
mit unsren zwei mal zwei so dunklen, offnen Augen.

Was war, was ist, dass wir erschauten und erschaun?
Die winterstille Straße, das Stativ?
Den Vater ohne Kopf, nur seine Beine,
umwickelt mit dem breiten Band,
aus dem er sich Gamaschen machte.
Sein Kopf, unsichtbar unter schwarzem Tuch,
spricht er mit uns. Wir stehn und schweigen,
gehorsam – oder doch schon weit entfernt
von dem, was wir bislang gesehn, gehört,
in einer andren Wirklichkeit, die schön sein soll
und gut in diesem Augenblick, und immer weiter?

Vor uns die kleinen Pfützen auf der Straße
mit silbrig blanken Eis bedeckt, erinnre ich,
wenn ich im Hin und Her des Tages, spät im Leben,
mir nun in meine Kinderaugen blicke, und sehe –
das, was man nicht sieht: So feierlich bereitet
bewahrt, obwohl das keinen Nutzen hat,
gehn diese Blicke vor uns her, wohin kein Auge reicht,
und was verborgen bleibt für immer.
Wie unter schwarzem Tuch.

ERNTEFEST

An einem Tag im September
zeigt sich das Brachfeld.
Der Vogel schreibt Herbst unter die Wolken
mit grauer Feder.
Meine Körbe sind leer.
Du und ich, wir haben wieder geschwiegen.
Über die Nachmittage mit Tee
und Holzfeuer
schlägt jetzt der Rauch.
In den Hecken beginnt es zu gruseln.
Der Schirling kocht Samen
im Schlamm der alten Töpfe.
Glutend und blutend hängt im Gezweig
morgens und abends
der rote Ball.

In der Sommerasche
backen wir Bitten.
Auffrischender Wind.

Müde vom Ausschauhalten nach dem schönen Leben
durchstreife ich Städte, sehe Kunst und Geschichte,
Religion und Philosophie in bedeutsamen Niederschlägen.
Doch hungert's mich sehr nach Fleisch und Blut.
Beides zu haben ist schmerzvoll
und vordergründig Lust wie Erschöpfung.
Dennoch überraschen mich täglich meine
zwei Hände in ihrem Tun und Lassen
mit der Geste der Bittstellerin,
erbitten für sich und mich
dieses Allgemeine und Ordinäre,
was doch etwas war und ist,
im Gegensatz zu meinem
bloßen Vermuten und Hoffen:
Einmal noch aus lauter Lust
nicht denken,
einmal noch vor lauter Schmerz
keine Worte haben und keine Scham!

Nachts aber dann, ehe es mir
hingestreckt und verletzbar gelingt
die Augen zu schließen,
suchen sich Linke und Rechte gleich
scheuem Getier, das einander bedarf,
bis sie sich liebend verflechten
und – ach – beten.
Vielleicht auch für mich.

Aufs Gras gefallen ein zarter Schleier,
letztmalig geläutert der Blätter Gelb.
Schwarz und ernst beharren die Obstbaumstämme.
Karre, Sieb und die Schaufel,
entmündigt lehnen sie still.
Schon wintergläubig
die roten Laternen der Judaskirsche.
Gestülpter Töpfe Predigt:
›Verschenke, was dir gereift ist.‹
Buntes Geriesel. Erregung:
Eichkatze und Elster verbündet,
räuberisch, prachtvoll und flink.
Die Zäune, hölzerne Rechen,
da und dort zahnlos geworden.
Dächer und Mauern entblößt
in ihrer verständlichen Absicht
zu bleiben, weiter zu leben.

Aber die Luft so rein,
die Ferne so nah –
himmlischer Abgrund so blau!

Am Gängelband des Weges, leicht bergab, geh ich,
wie stets, entlang der Mauer, die man Stein für Stein,
als man noch Angst vor Räubern hatte,
hier errichtet hat. Leicht ist es, sich zu bücken
und dann das, was fiel und stolpern lässt,
rasch aufzuheben und passend in die Lücken
einzuschieben, damit die Mauer bleibt – ich aber geh.

Nur wilde Rosen sind dagegen, harte Dornen
an ihren Angeln gleichenden, wurfweiten Ranken
versuchen mich zu halten, oder wenigstens
etwas von meinem Haar in ihren langen Fingern.
Erinnern mich daran, dass ich verflochten bin
in die Geschichten vieler – nein doch – aller Menschen.
Absichtlich – unabsichtlich fest verflochten
und also selbst zerrupft in lauter Anfang.

Waldrebe, süß, verlockt mit ihrem Duft
hier da zu sein, nicht weiter nachzudenken,
doch gibt die Mauer auf, ich steh im Licht.
Mit ihren starken Ästen rudernd, rauschend,
werfen die Bäume mir, wie sorgenvolle Eltern,
noch Schatten nach. Ich gehe, geh ins Tal.
Die Städte stets am Strom und tagnachthell,
Stahl, Glas und Stein – Keimstätten für die Saat
von Du-und-ich und Ich-und-du.
Wir sind noch im Labor
und man wird sehn!

LEISER SCHREI

Ich will euch ein Gedicht von Veilchen machen,
weil ihr glaubt, dass das nicht mehr geht
und die Veilchen abgegrast und poetisch gefressen sind:
Veilchen der Ferne, von fern her,
aus der Zeit der Zöpfe und lehmigen Stiefel.
Ich hatte niemals zierliche Schuhe und seidene Kissen,
aber am Wiesenhang Veilchen
und Spinnwebräder zwischen zerbrochenen Jalousien.
Wenn ich mit dem Schaukelbrett in die Äste der Linde flog,
sah ich die grünblauen Eier im Nest der Amsel.
Ihr glaubt nicht, wie fest die Blumen
und die Gelege der Vögel sind:
Wie die Glieder der Bronzekette im Hafen von Karthago,
so fest schließt sich ein Ding der Liebe ans andere.

Ich habe das liebste Ding, das mir einst geschenkt war,
um meinet- und euretwillen teuer verloren.
Die Wolken eitern fette Ränder, seither,
und über den Abendhimmel rinnt gelb der Ausfluss.
Die Milch- und Blutstraße krümmt sich.
Das weiße zerhackte Mark – war das ein Kind?

Veilchen, Lindenblätter und Amselnester,
ist es wahr, dass ihr aufgehört habt, mich zu lieben?
Und ich muss zusehen, wie das letzte Glied der Kette bricht.
Ihr, die ihr Augen und Ohren habt,
sprecht nun I h r von Veilchen.

OKTOBERS ENDE

Ein letztes Mal
trudeln die Blätter der Eschen,
Birken und wilden Kirschen
nieder auf alte Wege,
denen ich folge, belächelt
von samtig-stillen Gesichtern
der Stiefmütterchen. Chrysanthemen
umkrallen vielblütenblättrig
ihre standfesten Herzen.
Beeren und Butten glühen
inmitten des Dornengewahrsams.
Sonnenstrahlen durchstoßen
Wegbuchenhecken. Verlangend
entströmen der Erde Gerüche.
Der Häher, gemästet mit Nüssen,
verlor eine bunte Feder.
Ruhigen Auges wartet
Rotkehlchen
dass nun auch wir
lautlos
verschwinden.

Göttliche Gerade

Wandernd weit und Menschen folgend,
um doch ihren forschen Blicken
Ziel zu sein und endlich Rastplatz,
kam mir nun der schwarze Vogel,
setzt sich einem, den ich liebte,
gegenüber ins Gebüsch.
Jeder sah den Vogel warten,
wortlos gab es Einverständnis,
dass mein Blut mir in den Kopf schoss
und ich mich nach Steinen bückte:
›Ungeheuer, schwarzes, fliege
fort und komm so bald nicht wieder!‹
Rabe hüpft' geschickt zur Seite,
äugte, rückte wieder näher.
Unaussprechlich stolz und traurig
stand der Mensch, war schon gezeichnet.
Kopflos ich, von Wahn besessen,
bückt' ich mich zum zweiten Male,
wog den Stein und zielte, warf ihn,
sah den Raben seitab streichen –
und durch meine Hand getroffen
den geliebten Menschen leblos,
Auge ihm, Herz mir gebrochen.

Sonne, große Uhr am Himmel,
ließ die Maulwurfsgrillen schrillen.

JETZT

Wind im Baum,
im Ofen glühende Kohle.
Suppe in meiner Schüssel.

Eine gepresste Blume
zwischen den dereinst
aufgeschlagenen
Seiten des Buches und
Tinte in der Patrone:
In Jahrtausenden haben die Dinge
ihre Zugehörigkeit zueinander
gesucht und gefunden.
Sie feiern mit mir
an diesem Nachmittag
am unbedeutenden Ort
ihre Vereinigung.

Jetzt ist die Erde
an jeder Ecke liebenswert
und berauschend schön.

Tiefdunkelbraune Waldmaus, ganz Ohr,
ganz Rundung und Wohlgestalt,
turnst am Henkelkorb, wagst jetzt
den Sprung auf meine Schuhe.
Dein Fellchen putzt ungemein,
gibt meinen alten Schnürstiefeln
unerwarteten Glanz. Wie sorglos du bist!
Auch ich vermochte es einst, sorglos zu sein.
Was ist mit der einen, verschlissenen Teppichfranse,
dass du so lange davorhockst?
Selbst habe ich oft verquere Gedanken.
Jetzt nimmst du die Walnuss, die mir unter den Tisch fiel,
zwischen die Pfötchen,
raspelst ein Loch in die Schale und speist!
Es rüttelt dich förmlich,
dein Schnurbarthaar bebt!
Sonntagmorgens altbackene Brötchen mit Heidehonig!
Du rennst zur Kabeltrommel: Ich bitte dich herzlich,
stecke jetzt nicht zwei Pfötchen
gleichzeitig in die parallelen Löscher!
Nein doch – du tanzt.
Tänzerin wollte ich werden –
Wie du dich aufreckst, nach oben greifst,
wo nichts ist außer der Luft!
Als Kind konnte ich wie Hansguckindieluft
auf Wolkenwegen durch die Felder gehen.
Papierschnipsel und Aschenreste auf meinem Fußboden
übersiehst du großmütig.

Ganz wenig nur rümpfst du die Nase.
Und ich habe dir heute die Falle gestellt:
Nussmus mit Honig. Da kannst du nicht widerstehen.
Doch wartest du ab, putzt dich, bereitest dich vor ...
Gut, dass mein Stock mir so nah liegt!
Ich schlag auf den Boden –
und du springst davon. Weißt du,
dass ich es war, die wollte und doch nicht konnte,
so von Angesicht zu Angesicht?
Ich lerne gerade zu verstehen,
warum man die Liebe preist:
Auch meine Macht ist gewachsen, weil du noch lebst!

RATSCHLÄGE ALSO ...

Ruhig zu denken, weiß ich zu viel,
habe zu viel gesehen, gehört,
auch gefühlt.
Das läuft alles auf Chaos hinaus.
Ich kann meinen Enkeln nicht wirklich raten.
Auch van Gogh ließ seinen Weg
mitten im gelben Kornfeld enden.
Aber was für ein Gelb!
Und was für eine Bewegung
in seinem tagnachtblauen Himmel
über der ockergoldgelben Erde!
Dazu noch schwarze Krähen.
Nur wenig Rot und Grün,
sich daran festzuhalten.

Täglich setze ich mich
vor weiße Zettel,
um meine Schwärze auszukippen.
Für meine Enkel.
Für, nicht gegen das Chaos.

Christus, was hast du mit deinem Dich-Opfern
angerichtet, dass wir nicht mehr singen, wie David
›... ich will mit der Frühe auf sein ...
... und rede mit meinem Herzen ...‹
Plappern nennst du, was mir so not tut.
Vater unser – und kein Lied vom Meer mehr,
das so groß und weit ist? Von Brunnen,
die in den Gründen quellen und vom Wein,
der des Menschen Herz erfreut? Nur dies:
Deine Rede sei: ›Jaja – Neinein‹
Verbietest mir meinen Mund. Behauptest,
ich ehrte dich nur mit den Lippen.
Was soll ich schweigen?
Der Himmel ist ausgebreitet wie ein Teppich.
Du bist gekommen und trägst, angeblich,
all unsere Schuld. Nein: Die Schuld aller!
Wer lacht sich da laut ins Fäustchen?

Wie göttlich wäre es, bliebe mir, Mensch,
meine Schuld, die ich gefühlt habe
und gut kenne, dass ich Lieder erfinden müsste
voller Melancholie und Kraft:
›... mein Herz ist geschlagen und verdorrt wie Gras,
dass ich auch vergesse, mein Brot zu essen ...‹
Fette, satte Leute hat deine Schuldübernahme
gezeitigt. Wo doch nur Hunger
unsere Seelen wachhält.
War das deine Absicht?

Auf der Fensterbank lag ein Brief.
Die Holunderdrossel schrieb mir mit lila Tinte:
Die Zukunft ist aufgefressen. Schwarz war der Morgen. Hatten wir denn
zuviel geglänzt mit unseren nackten Leibern,
den lieben Laternen der dunkel Verlornen?
Und was soll nun werden, wenn der Dezember kommt
und die Kerzen vorrücken,
die Geschwader der Herzens-Ökonomie?

Ich beiße am letzten Brot
und schmecke das süße Wort Liebe
eh es im Postkasten stirbt
zwischen den Katalogen,
den armseligen Tod nackter Gedanken.

Psyche, rück deine Fackel raus!
Stell deinen Koksofen auf die Straße
für alle, die Sehnsucht tragen,
Liebe verlangen
und Liebe geben
durch all den Winter.

EXPERIMENT

Wenn der zerborstene Eichbaum
die tausendjährigen Wurzelfüße
im Frost krümmt
und sein raureifbesetzter
Flechtenbart knistert,
fasst mein Herz sich ein Herz:
Ganz nach innen gekippt
liebe ich dann
sein und mein Leben.
Heute noch währt es.
Hand in Hand
wandern auch Castor und Pollux
weiter über die Weiten des Himmels.

An der Krippe

Auf diesen Geburtstag, von vornherein
dick eingetragen in jeden Kalender,
bin ich nie wirklich
vorbereitet.
Keine Geschenke.
In der Faust nur, versteckt,
Ratlosigkeit und Scham.
Beides juckt mir zu Weihnacht
zwischen den Fingern.
Sagen die Fremden doch:
»An diesem Dezembertag
kann der Fritz (und so heißen wir ja
bei den anderen) nicht töten.
Nicht einmal verletzen!«
Das ist es, was ich alljährlich
zu beherzigen suche. »Gott, hilf!«
rufe ich am Vierundzwanzigsten,
in der Nacht, in der Dunkelheit,
wenn er sich – wie man sagt –
so klein gemacht hat,
und will doch i h m helfen,
ein bisschen zumindest,
dass ich bei ihm stehe
an seinem Geburtstag.

Stern kam,
ging schon wieder.
Hat alles gebrannt,
ist ausgebrannt.
War Vorsicht am Werk,
verhaltenes Glück.
Abends am Tisch
gute Zeit.
Genommen, vorzulesen:
Ivan Bunin –
Frost und Steppenwind.
Wärme
in den zwei Augen
meines Sohnes.
Stunde für Stunde
Kalenderverfall.
Eine von zwölf
Nächten
lastet und leuchtet.

TRÄUME

Träume, geliebte,
wenn die äußere Welt
vor der Sonne der inneren
wegschmilzt
und mir Liebe geschieht
ohne Namen zu denken,
diese kleine Flucht
in mich und andere Wesen hinein
mit dem Odium der Dieberei
bis zum Erwachen –

Auf derart erschöpfende Antwort
ist nichts zu erwidern.

Heraklit, du Verführer,
hinauf und hinab
beides ist gleich?
Verlockt von Hoffnung,
festen Trittes aufwärts und höher
streben wir alle:
Spuren im Schnee, im Tau der Wiesen,
im Staub des Sommers und
lange noch kenntlich im
herbstlich verwirbelten Laub.

Hingetupft, schamig
die Zeichen des Abstiegs:
Aller festen Erwartung ledig,
ohne die Bürde großmächtiger Siege,
auf unseren Rücken allein die Erfahrung,
die niemanden kümmert außer
uns selber, geht's wieder hinab.

Irrlichternd, funkelnd,
Himmel und Erde.
Und wieder der Traum
von der Jakobsleiter –
ach, Heraklit!

Ich möchte dich aus meinem Kopf verlieren,
aus den Gedanken, aus dem Sehnsuchtssinn –
so wie ein Kind den Reifen stößt am steilen Hang,
dass er in fremde Gärten springt, nie mehr erreichbar.
Du sollst aus meiner Hand entwischen wie der Spatz,
den ich vom Zaune griff, und dessen linde Wärme
die Höhle aus zwei Händen bersten ließ.
Verlieren will ich dich wie einen Pfennig,
von dem ich dachte, er bedeute Glück:
Der Zufall schenkte ihn, er holt ihn wieder.
Und wie der Wind auf sommerlichen Wiesen
die Samenkugeln plündert, soll er mir
auch mein Gefühl für dich zerstreuen und verwehn.
Mein Schatten löst sich auf in weißes Nichts,
weil eine Wolke übern Himmel zieht:
Verlass mich so wie er, so rasch und ohne Gruß.
Oh, könnt ich dich verlieren wie ein Haar,
wie einen Nagel aus dem Schuh, wie einen Pfiff
aus frech gespitzten Lippen! Was wird sein,
wenn ich nun sterbe: Wo hast du dein Haus,
du schöne, wilde Welt – mein Herz schließt zu!
Es schuf dich täglich neu und litt an dir,
gab diesem Traum aus Dingen Hand und Fuß,
und nun der Fliederbusch auf dem Geviert,
vielleicht auch Nesseln, das ist alles gleich.
Wenn du mich jetzt vergisst – ich bin schon du.
So ist's mit uns, wir sind einander Sein.

Jan Kuhlbrodt zu den Gedichten von Anne Dorn

Heute Nacht stand ein Komet
über dem Haus.
Die Wege glitschen.

Das Zitat, das hier als Motto für das Nachwort steht, stammt aus dem Gedicht *Kalter Regen* und eröffnet das Spannungsfeld, das die Gedichte des vorliegenden Buches prägt. Den Blick an das Ferne gerichtet, gilt es, den Weg nicht aus den Augen zu lassen. Wir wollen geerdet bleiben. Und dennoch formulieren Anne Dorns Gedichte Utopien, sowohl hinsichtlich eines Ziels als auch mit Blick auf die Herkunft.

»Die Wurzel der Geschichte aber ist der arbeitende, schaffende, die Gegebenheiten umbildende und überholende Mensch. Hat er sich erfasst und das Seine ohne Entäußerung und Entfremdung in realer Demokratie begründet, so entsteht in der Welt etwas, das allen in die Kindheit scheint und worin noch niemand war: Heimat.«

So endet Ernst Blochs *Prinzip Hoffnung,* und wie bei Bloch die Hoffnung keine zeitliche Richtung kennt, hält sie sich auch bei Anne Dorn nicht an einen Zeitstrahl, und wie Bloch greift Dorn den utopischen Gehalt der religiösen Erzählungen auf, nimmt ihn Ernst wie eben auch den Weg.

Jakobsleiter ist der zweite Gedichtband der Kölner Autorin. Nicht nur der zweite, der im Verlag Poetenladen erscheint, sondern der zweite überhaupt. Erst der zweite, möchte man sagen, schaut man auf das Geburtsdatum der Autorin und auf die Gedichte, die ein feines und ausgeprägtes Verständnis für Rhythmik und Form verraten.

Aber dieses »erst« sagt nichts, verrät nichts von den Gegebenheiten des Jahrhunderts, das Anne Dorn prägte, ihr Wege eröffnete, vorschrieb und verstellte, die Begrenzung der Möglichkeiten, gerade für Frauen nicht nur auf künstlerischem Gebiet.

Geboren wurde Anne Dorn 1925 im sächsischen Wachau bei Dresden, wo sie auch die größte Zerstörung durch- und überlebte, die von deutschem Boden ihren Ausgang nahm. Den überwiegenden Teil ihres Lebens verbrachte sie aber nicht an der Elbe, sondern am Rhein, wo sie in verschiedensten Berufen arbeitete, immer aber in solchen, die Handwerk und Kunst miteinander auf vielfältige Art und Weise verbinden. Und vielleicht liegt hier die Schnittstelle von Film, Kostümbildnerei, zwei Bereichen, in denen Dorn tätig war, und Lyrik: in einer Verfeinerung des handwerklichen Vermögens, in einer Vervollkommnung der künstlerischen Techniken und der Entwicklung von Kommunikationsfähigkeit.

Noch immer krankt das Dichterbild hierzulande an der Vorstellung des einsamen Genies. In ein solches Bild passt natürlich die berufstätige Mutter nicht, die neben ihrer künstlerischen Tätigkeit vier Kinder großzieht, während der Kindsvater in verrauchten Kneipenzimmern mit anderen Heroen der Dichtung die Zukunft der Lyrik diskutiert.

Dabei gehört auch Anne Dorn zu jener Autorengruppe, die den *Rheinischen Realismus* ins Leben rief, genannt seien Wellershoff, Herburger, Born und nicht zuletzt Brinkmann, Autoren, die nach dem zweiten Weltkrieg versuchten, die Gesellschaft und die Kunst auf neue moralische Füße zu stellen.

Aber die Herren waren sich ihrer Sache wohl noch sehr sicher und machten keinen Zentimeter Platz. Dorn jedoch entwickelte in den oben genannten Arbeitsbereichen und auch im Hörfunk ihr Vermögen, das sich an der Struktur ihrer Gedichte erweist.

Anne Dorn legt mit *Jakobsleiter* also einen Gedichtband vor, in dem sie Erinnertes mit Gegenwärtigem engführt. Geschichte erweist sich hier als Erfahrungsspeicher, der eingeübtes Vermögen aufhebt und wieder zugänglich macht, vergegenwärtigt im besten Sinne.

INHALT

Anne Dorn
Wetterleuchten
Gedichte
Reihe Neue Lyrik, Band 1
Hrsg. von Jayne-Ann Igel,
Jan Kuhlbrodt, Ralph Lindner
poetenladen Verlag 2011
80 Seiten · 16,80 €

»Es sind feingewebte epische Gedichte, Sammelstücke eines ganzen Lebens, die Geschichten erzählen von *südlichen Februartagen, Sterbenswollust* und dem *Weg ins Dorf.* Außergewöhnliche, eindrucksvolle Lyrik, die durch eine klare, einfache Sprache besticht.« *WDR*

»Anne Dorn verschweigt nichts: keinen Schmerz, keine Enttäuschung, keine Furcht, nicht bange Erwartung und Hoffen. Ihre Gedichte sind miniaturhafte Erzählungen, in denen sie eine Stimmung hinmalt, die eine große Spannung erzeugen. Diese verdichtete Atmosphäre entlädt sich häufig in ein *dennoch,* wie wir es auch von Hilde Domin kennen.« *Universitäts- und Stadtbibliothek Köln*

»Anne Dorns Texte kommen von der Prosa her, diktiert von einem unverfälschten Erzählrhythmus, der mich berührt hat. In den Gedichten schwingt ein Lebensraum mit, die Erfahrung um den Wert der Schönheit des Details an den Dingen.« *Ostragehege*